Mascotas raras de los presidentes

Grace Hansen

Abdo Kids Junior es una subdivisión de Abdo Kids
abdobooks.com

Abdo Kids
MASCOTAS PRESIDENCIALES

abdobooks.com

Published by Abdo Kids, a division of ABDO, P.O. Box 398166, Minneapolis, Minnesota 55439.

Printed in the United States of America, North Mankato, Minnesota.

102022

012023

THIS BOOK CONTAINS RECYCLED MATERIALS

Spanish Translator: Maria Puchol

Photo Credits: Library of Congress, Shutterstock, Smithsonian Archives

Production Contributors: Teddy Borth, Jennie Forsberg, Grace Hansen

Design Contributors: Candice Keimig, Pakou Moua

Library of Congress Control Number: 2022939375

Publisher's Cataloging-in-Publication Data

Names: Hansen, Grace, author.

Title: Mascotas raras de los presidentes/ by Grace Hansen.

Other title: Unusual pets of presidents. Spanish

Description: Minneapolis, Minnesota: Abdo Kids, 2023. | Series: Mascotas presidenciales | Includes online resources and index.

Identifiers: ISBN 9781098265229 (lib.bdg.) | ISBN 9781098265809 (ebook)

Subjects: LCSH: Exotic animals--Juvenile literature. | Pets--Juvenile literature. | Presidents--Juvenile literature. | Presidents' pets--United States--Juvenile literature. | Spanish language materials--Juvenile literature.

Classification: DDC 973--dc23

Contenido

Mascotas raras de los presidentes

Casi todos los presidentes de Estados Unidos han tenido mascotas. ¡Algunos tuvieron mascotas muy raras!

Al presidente Jefferson le regalaron dos cachorros de oso grizzly. Sabía que no podía quedárselos y les encontró otro hogar.

Thomas
Jefferson

El presidente Adams tuvo un caimán. Lo tuvieron en una tina en la Casa Blanca hasta que lo llevaron a un lugar mejor.

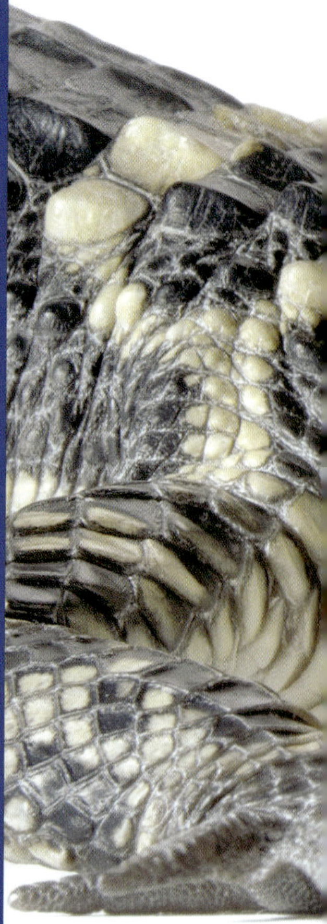

John Quincy Adams

La familia del presidente Roosevelt tuvo muchas mascotas. Tuvieron una ardilla voladora y también una serpiente.

Theodore Roosevelt con su familia

La familia del presidente Roosevelt también tuvo dos ratas canguro y conejillos de Indias, ¡entre muchos más!

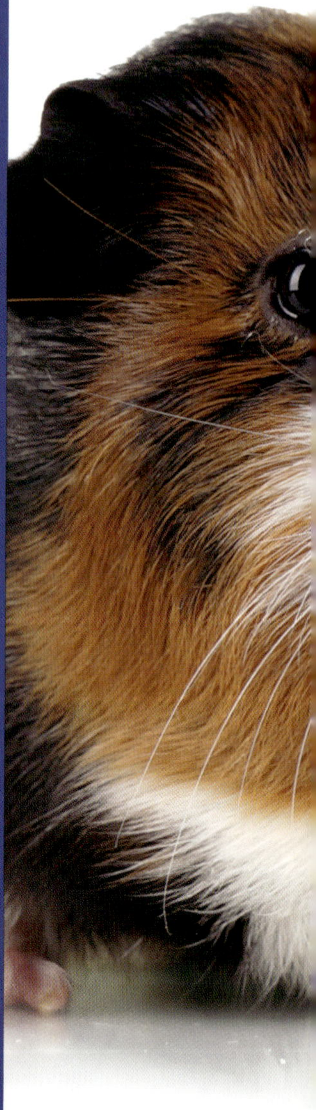

Dos de los presidentes tuvieron ardillas y las llamaron Pete. Una jugó en la Casa Blanca con el presidente Harding. La otra paseaba con el presidente Truman.

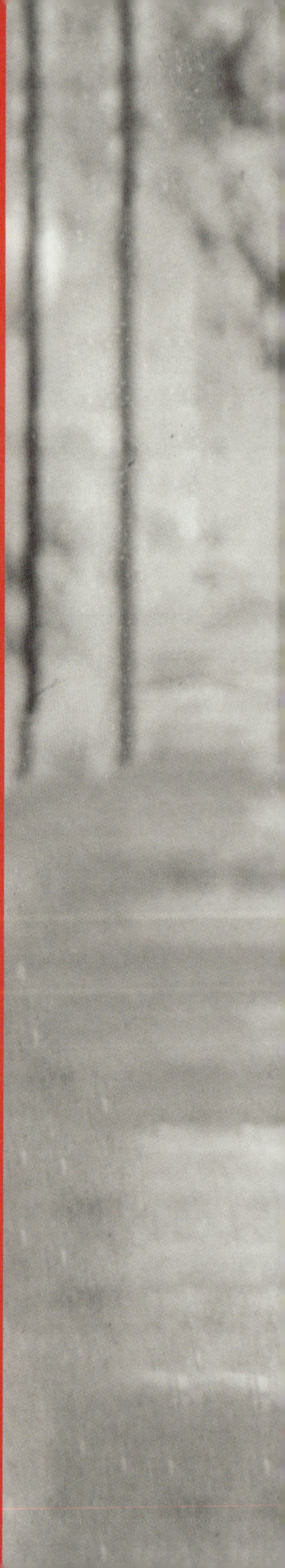

Warren G. Harding

Harry S. Truman

Pete, la del presidente Harding

La familia del presidente Coolidge también tuvo muchas mascotas. Tuvieron dos mapaches, se llamaban Rebecca y Reuben.

Calvin
Coolidge
Rebecca, la
mapache

Calvin y Grace Coolidge también tuvieron un **ualabí**. Incluso tuvieron un hipopótamo **pigmeo**, se llamaba Billy.

El presidente Hoover tuvo una mascota que se llamaba Billy. ¡Era una zarigüeya!

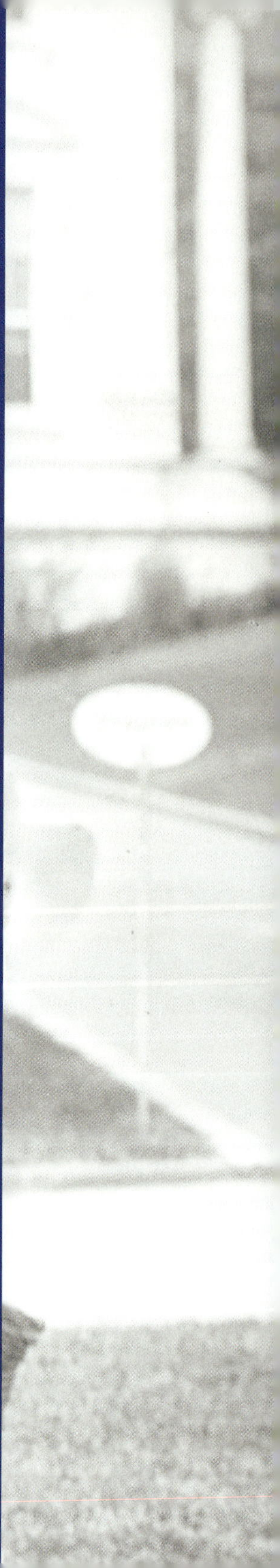

Herbert
Hoover

Más mascotas presidenciales

James Buchanan
elefante

Abraham Lincoln
Jack, el pavo

Andrew Johnson
ratones

Benjamin Harrison
Mr. Protection, la zarigüeya

Glosario

pigmeo
enano, que es más pequeño del tamaño habitual.

ualabí
marsupial originario de Australia, con fuerte parentesco con los canguros medianos y pequeños.

Índice